しっかりわかる「脱炭素＝カーボンニュートラル」

③

SDGsと
「カーボンニュートラル」

著／稲葉茂勝

「脱炭素」も「カーボンニュートラル」も、どういうこと?

　最近、「脱炭素」「カーボンニュートラル」という言葉をよく聞くようになりました。それらは次のように説明されています。

- 「脱炭素」とは、二酸化炭素の排出量をゼロにすること。
- 「カーボンニュートラル」は、「カーボンゼロ」ともいう。
  温室効果ガス（二酸化炭素、メタンやフロンなど）の排出量を森林や植物などが吸収する量をこえないようにすること（実質ゼロにすること）。

　日本政府は2020年10月、2050年までにカーボンニュートラルを達成するという目標をかかげました。海外では、EUが2050年、中国は2060年までに「実質ゼロ」にすることを打ちだしています。みなさんは、テレビや新聞で「二酸化炭素の排出量を減らしていかないと、地球温暖化がどんどん進んでいき、地球がたいへんなことになる！」ということも、よく聞いているでしょう。

　そうです。みなさんも、いや、世界じゅうのすべての人が、二酸化炭素を出さないようにしていかなければならないのです。だから、世界じゅうの国の政府などが先頭に立って、二酸化炭素など「温室効果ガス」の排出量を減らそうとしているわけです。

　みなさんは学校で、どうして二酸化炭素を減らさなければならないのかを学んでいるでしょう。そして、みなさんのできる二酸化炭素の排出量を減らす方法を理解・実行してきていることでしょう。

　でも、なぜ「脱二酸化炭素」といわないで、「脱炭素」といっているのでしょうか？

　いま、「脱炭素」「カーボンニュートラル」などを解説する本がたくさんあります。でも、なぜ二酸化炭素を減らすことを「脱炭素」というのかなど、わかるようでわからないことを解説している本はなかなか見あたりません。

　だから、ぼくたちはこの本を企画しました。

　さあ、いっしょに「脱炭素」「カーボンニュートラル」をめざして、このシリーズ全3巻をしっかり読んでください。

〈巻構成〉

❶キーワードでわかる「脱二酸化炭素」

❷地球の歴史から考える「地球温暖化」

❸SDGsと「カーボンニュートラル」

子どもジャーナリスト
Journalist for Children　稲葉茂勝

もくじ

日本がめざす Society 5.0とは

このシリーズの②巻では、Society 1.0～Society 4.0を見てきました。
この巻はまずはじめに、いよいよ人類が突入しようとしている
Society 5.0について考えていきます。
環境問題の解決や脱炭素のためにとても重要です。

人類の歴史区分をもう一度確認しよう

Societyは「社会」を意味する英語です。日本政府は、人類の歴史区分を次のように「Society ○」と英語をつかって示しています。

- Society 1.0：狩猟採集社会
- Society 2.0：農耕社会
- Society 3.0：工業社会
- Society 4.0：情報社会
- Society 5.0：情報社会の次に来る社会

※名前はまだつけられていない

Society 5.0に名前がない理由は、日本がこれからめざそうとしている新たな社会を表す適切な日本語がないからです。それもそのはず、そもそもSociety 5.0がどういう社会なのか？ 複雑すぎてひとことで説明することができないのです。

もっとくわしく
Society 5.0の定義

内閣府（→p38）によると、Society 5.0とは、「サイバー空間（仮想空間）とフィジカル空間（現実空間）を高度に融合させたシステムにより、経済発展と社会的課題の解決を両立する、人間中心の社会（Society）」とのこと。狩猟採集社会（Society 1.0）、農耕社会（Society 2.0）、工業社会（Society 3.0）、情報社会（Society 4.0）に続く新たな社会をさす。日本政府が世界ではじめて提唱した考え方である。

●人類社会の変遷

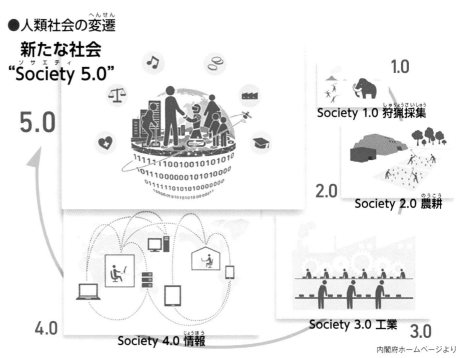

新たな社会
"Society 5.0"
5.0

1.0
Society 1.0 狩猟採集

2.0
Society 2.0 農耕

Society 3.0 工業 3.0

4.0
Society 4.0 情報

内閣府ホームページより

情報社会では膨大な量の情報が流通する一方で、情報が別べつに蓄積され、連携ができていないという問題が指摘されるようになった。

人類最大の出来事「○○革命」

「狩猟採集社会」の終わり頃、人類にとってたいへんな出来事が起こります。それは、紀元前8000年頃にメソポタミア地方で農耕がはじまったことです。それは「農業革命」とよばれています。

それからずっと現代に近づいた18世紀になると、人類史上最大の出来事のひとつといわれる「産業革命」が起こります。それにより人類の社会は「工業社会」へとうつっていきました。

20世紀末になると、「IT革命」が起こります。「IT」は、英語の Information Technology の略で、「情報技術」をさします。だれもがインターネットを通してあらゆる情報を入手でき

るようになり、世界じゅうの人びとの生活や仕事に非常に大きな変化があらわれました。その結果、人類は「情報社会」に突入。

そして今、日本をはじめとする世界の多くの国ぐにで、情報社会化がどんどん進み、またしても大きな革命の時代をむかえています。

この革命も、Society 5.0と同様に日本語で適切なよび名がついていません。でも、人類にとって非常に大きな出来事であることはまちがいありません。それどころか、18世紀の産業革命に匹敵する大革命だという人もいます。まだ名前もない「○○革命」によって、人類はSociety 5.0に入ろうとしているのです。

この本では、その革命を仮に「X革命」としておくね。次のページから説明するよ！

人類は狩猟採集社会から情報社会にかけて大きな進歩をとげてきたが、その過程でエネルギーや公害などの環境問題をはじめとしたさまざまな課題をかかえるようになった。

Society 5.0に向かうX革命

②巻でくわしく見たとおり、ここまでの人類社会は狩猟採集社会→農耕社会→工業社会→情報社会と発展してきましたが、X革命を経てまもなくやってくる社会では、人びとの生活はさらに大きく変化すると考えられています。

経済産業省（→p38）では、Society 4.0からSociety 5.0へと社会が進化するためのキーワードとして、IoT、ビッグデータ、人工知能（AI）、ロボットの4つをあげています。

そうしたSociety 5.0に向けたX革命が、今まさにはじまっているんだよ。

スマートウォッチは、インターネットと接続することで新たな機能を備えた腕時計。身に着けると、歩いた距離や心拍数、血圧などをデータとして取得できる。

- IoT：Internet of Things の略で、モノのインターネットと訳される。読み方は「アイオーティー」。ひとことでいえば、モノがインターネット経由で通信することを意味する。IoT化以前は、インターネットはコンピュータどうしを接続するためのものだった。主にパソコンなどが接続されていたが、最近では、テレビ、デジタルカメラなどの家電がインターネットに接続するようになり、今後はあらゆるモノが接続されていくといわれている。

・ビッグデータ：英語の Big Data は、超巨大なデータ群のこと。明確な定義は存在しないが、一般的に、Volume（量）、Variety（多様性）、Velocity（速度あるいは頻度）の「3つのV」が特徴とされる膨大なデータ群。医療や経済、さまざまなサービスに活用され、社会や人びとの生活に役立つ。

写真提供：共同通信社／ユニフォトプレス

ビッグデータの処理やシミュレーションなどに使用されるスーパーコンピュータ「富岳」。432台の計算機が組みあわさって構成されている。

写真：新華社／アフロ

・人工知能（AI）：コンピュータをつかって学習・推論・判断といった人間の知能の働きを、人工的に実現したもの。効率的なエネルギー利用や気象予報への活用などにむすびつくため、脱炭素社会への貢献が期待されている。

国連経済社会理事会に出席した人型AIロボット。AIはすでに政治や国際的な問題の解決などにおいても活用されはじめている。

・ロボット：ロボットは産業用ロボットからAIを搭載した最新のロボットまでさまざまだが、Society 5.0のロボットは、とくにサービスロボットともよばれ、身体をもち、人とともに動き、人に寄りそい、人とコミュニケーションをとるロボットをさす。多くは、運搬や人の介助などのサービスをおこなう。Society 5.0では、最も普及するのが、こうしたロボットだといわれている。

接客対応のため、観光地の案内所におかれたロボット。AIと連携することで、よりかしこい受け答えができるようになると期待されている。

Society 5.0になると
ソサエティ

　Society 5.0では、インターネットによりあらゆる情報や知識が共有され、ビッグデータをかんたんに利用できるようになり、IoTでさまざまなモノがつながり、AIによりこれまで困難だったことが解消されると考えられています。また、ロボットや自動走行車（自動運転の自動車）などによって、Society 4.0がかかえている少子高齢化、過疎化、経済的・地域的な格差、環境などのさまざまな問題が解消されると期待されています。さらにイノベーション（技術革新→p38）によって、いろいろな問題が解決されて、人びとが、いっそう希望のもてる社会になることが期待されているのです。

サイバー空間・フィジカル空間

先に、日本政府はSociety 5.0の特長を「サイバー空間（仮想空間）とフィジカル空間（現実空間）を高度に融合させたシステム」と説明している、と記しました。

それは、かんたんにいうと、Society 4.0では、人間がインターネットにアクセスしてあらゆる情報やデータを入手、使用してきましたが、Society 5.0になると、現実空間から集めたあらゆる情報を、仮想空間に蓄積してビッグデータとし、AIが解析し、その結果を、現実空間にいる人間が必要とする情報として提供するようになるということです。

仮想空間と現実空間とがまざりあい、IoTやAIの力をかりて、経済発展と社会的課題が同時に解決されるようになる、と期待されているのです。また、サービスロボットの活躍により、これまで人間がおこなっていた作業が自動化され、人手不足を解消するなど、社会全体に余裕ができて、世代をこえた人びとがたがいに尊重しあい、多様な人びとが平等で、一人ひとりが快適に生活できるようになるといわれているのです。

「かんたんにいうと」としたけれど、ちっともかんたんじゃないよね。さらにいいかえると、これまでは人間が情報を解析してきたけれど、Society 5.0では、人間の能力をこえたAIがビッグデータを解析してくれて、その解析結果が、ロボットなどを通して人間に提供されるということだよ。そうすることで、これまでにはできなかったことが産業や社会にもたらされるんだ！　具体例を次のページに記すよ！

中国の経済特区である深圳市は、世界が注目するスマートシティ。IoTによってまちじゅうがつながり、多くのバスやタクシーなどが自動運転で走っている。

改善される4つの例

タブレット端末に搭載されたAIが、問題の正答率などをデータ化し、子どもたち一人ひとりの理解度にあわせて出題内容をつくりだす、といった教材が普及すると考えられている。

- 教育分野：仮想空間と現実空間の高度な融合は、教育の分野にも大きな変革をもたらす。現在の一斉一律の授業が少なくなり、それぞれの学習進度や能力に応じた学びの場が増える。学習状況は、電子データ化・蓄積され、精度の高い学習ができるようになる。

アメリカでおこなわれているドローンによる宅配サービスは、日本でも導入が期待されている。通信技術によって、人の目が届かないところでも安全に飛行できる。

- 物流業界：長距離トラックの自動運転配送やドローンによる個別配送を実現し、人手不足が解消される。配送業務の完全自動化により、物流業界における働き方も多様になり、環境への負荷も減る。

食品ロスを減らすには、商品が売れる数を予測して、在庫を必要最低限にすることが大切。ICTやAIによって、天候や交通量などのデータをもとにした最適な在庫管理がおこなえるようになるという。

- 食品（フード）ロス：ICT（情報通信技術）やロボットなどの活用により効率的な生産が可能となる。計画的に必要な量の生産ができれば、食品ロスが解消される。温室効果ガスの抑制にもつながる。

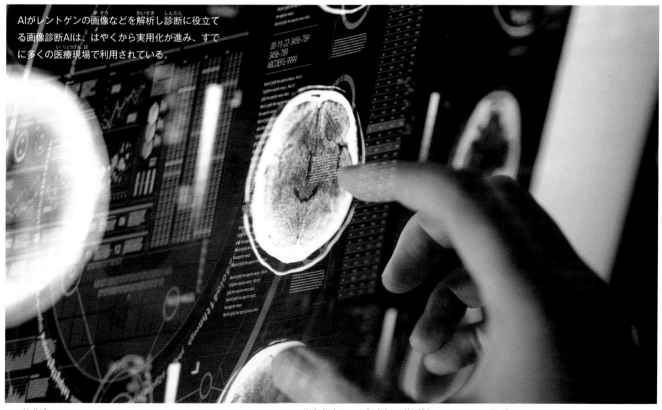

AIがレントゲンの画像などを解析し診断に役立てる画像診断AIは、はやくから実用化が進み、すでに多くの医療現場で利用されている。

- 医療関係：業務効率化と自動化によって医療従事者の負担が軽減される。医師が発見できなかった病気の予兆をAIが検知できるようになれば、現代医療ではまだむずかしい病気の早期治療も可能になる。

2 脱炭素社会の実現

日本政府はSociety 5.0を提案し、
国民に対しその実現のための努力をするように、
今さかんに発信しています。Society 5.0になれば
脱炭素社会の実現の可能性も高まるからです。

経済発展と社会的課題

前のページで見てきたとおり、食品ロスや社会コストの削減など、社会のさまざまな課題が解消されていくのが、Society 5.0です。

それでは、このシリーズのテーマである脱炭素については、Society 5.0ではどうなるのでしょうか。

日本をはじめとする世界の先進諸国では、経済発展が進むにつれて、人びとの生活がどんどん便利で豊かになってきました。しかし、そうなればなるほど、二酸化炭素などの温室効果ガスの排出量を増加させてしまいました。

Society 4.0では、経済発展と、温室効果ガスの排出実質ゼロをめざす脱炭素の両方を実

現することは、困難だといわれています。

下の図は、経済発展と社会的課題の解消を両立できるSociety 5.0をめざそうという、今の日本政府の戦略をイメージするために内閣府がつくったものです。

社会的課題の解決として「温室効果ガス排出削減」がいちばん上にかかげられています。それが最大の課題だからです。

もっとくわしく
社会コスト

コストとは原価のこと。「社会コスト」とは、材料費や人件費などのモノを生産するのに必要な経費に対し、道路や公共の建物などをつくるための経費といった、生産をささえる原価全体をさす。

経済発展	社会的課題の解決
●エネルギーの需要増加	●温室効果ガス排出削減
●食料の需要増加	●食料の増産やロスの削減
●寿命の伸び、高齢化	●社会コストの抑制
●国際的な競争の激化	●持続可能な産業化
●富の集中や地域間の不平等	●富の再分配や地域間の格差是正

Society 5.0へ

IoT、ロボット、AIなどの技術を産業や社会生活に取りいれることで、格差なく、さまざまな需要にきめ細かに対応したモノやサービスを提供する。

経済発展と社会的課題の解決を両立

出典：内閣府『Society 5.0』より

2050年のカーボンニュートラルの実現に向けては、エネルギーをはじめ、産業、運輸などの分野において徹底した省エネを進めることが重要だとされている。

脱炭素社会の実現の可能性

日本は、2050年までに温室効果ガスの排出を全体としてゼロにする、カーボンニュートラル実現のための活動を進めています。

そのはじまりは、2020年10月26日のこと。当時の菅義偉首相が演説において「我が国は、2050年までに温室効果ガスの排出を全体としてゼロにする、すなわち2050年カーボンニュートラル、脱炭素社会の実現をめざす」と宣言し

たことによります。

IoTやAI、ビッグデータ、ロボットなどを活用した社会の実現に取りくむことによって、社会がかかえているさまざまな課題を解決していくと、世界に向けて宣言したのです。

これを受け、日本経済団体連合会（経団連*）は、『2050年カーボンニュートラル（Society 5.0 with Carbon Neutral）実現に向けて―経済界の決意とアクション―』を発表しました。

次のページに、その内容を示します。

＊日本の代表的な企業1512社、製造業やサービス業などの主要な業種別全国団体107団体、地方別経済団体47団体などから構成される（2023年時点）。

東京都千代田区にある経団連会館。日本における脱炭素社会の実現は、日本経済を根底からささえる経団連の協力が必要不可欠だ。

経団連の考え方

　経団連は、クリーンエネルギーの安価で安定的な供給や産業部門での生産工程における脱炭素化など、積極的な役割をになうと宣言。そして、政府と経団連ばかりでなく、国民が努力することでSociety 5.0を実現していけば、日本は、脱炭素社会（→1巻p12）の実現が可能だと考えたのです。

　しかし、経団連は、それを可能にするには、「電源の脱炭素化を加速するとともに将来にわたる電力の安定供給を確保することが求められる」ともいっているのです。

　ここに書いてあることは、難しいように思うかもしれないけれど、政府も大手企業も脱炭素のために努力していくと、宣言したということ。でもね、経団連のいっている「電力の安定供給の確保」に、大きな問題が指摘されているんだ。右のページを読んで考えてね。

1. はじめに

　環境は事業活動や国民生活の基盤であり、サステイナブルな社会の実現は経済界の最大の関心事である。「気候危機」がさけばれるなか、気候変動問題の解決に真摯に取りくむ方針を総理が内外に示されたことは英断である。経済界として高く評価するとともに、「2050年カーボンニュートラル」に向け政府とともに不退転の決意で取りくむ。

　いうまでもなく、2050年カーボンニュートラル実現はきわめてチャレンジングな課題である。産業革命以来の人類とエネルギーの関わりは、根本的変革が不可欠となる。また、歴史上長く文明をささえてきた主要産業の生産プロセスの革新も必要だ。運輸・民生部門の脱炭素化に資する革新的製品などの大規模な普及や生活様式の転換も求められる。つまり、経済社会全体の根底からの変革が不可欠であり、新しい経済社会、いわば Society 5.0 with Carbon Neutral の実現が必要となる。この挑戦は、現時点でどの国も成しとげていないが、未来に向けて人類がさけて通ることのできない課題である。経済界として大きな覚悟をもって先駆的な役割を果たしていく。

2. カーボンニュートラル実現に向け　取りくむべき課題と経済界の役割

　2050年カーボンニュートラルに向け、電力・水素などのエネルギー転換、産業、運輸、民生といった経済社会の各分野で取りくむべき課題は、省エネルギーの徹底はもとより、多岐にわたる。

出典：『2050年カーボンニュートラル（Society 5.0 with Carbon Neutral）実現に向けて －経済界の決意とアクション－ 』（一般社団法人 日本経済団体連合会）より

経団連の考えの重大な問題

経団連は次のように主張しています。

- 原子力は、2050年カーボンニュートラルに不可欠である。
- 安全性が確認された既設の原子力発電所の再稼働と有効活用はもとより、早急に推進していく必要がある。
- 既設の原子力発電所の再稼働などの議論とは別に、新型原子炉などの研究開発をふくめた今後の原子力活用の方針についても、すみやかに議論を開始すべきである。

じつは経団連は、脱炭素を実現するには安全性が疑問視されている原子力発電が必要だと主張しているのです。また、「再生可能エネルギーに関して、世界的な価格の低下傾向にもかかわらず、わが国においては需要家からの安価なアクセス機会がいちじるしく不十分な状況にある」などともいっています。

そうなると、政府や経団連にまかせて、『2050年カーボンニュートラル（Society 5.0 with Carbon Neutral）実現に向けて―経済界の決意とアクション―』に期待するわけにはいかないよ。なぜなら、原子力発電に対して、反対する声が多くあがっているからだ。Society 5.0が実現すれば、温室効果ガスの排出量も削減できることになるといわれるなか、みんなも自分ごととして、どうすればいいか考えてほしいんだ。それが、このシリーズのねらいでもあるんだよ。

福島第一原発事故により停止していた原発の再稼働が決定すると、反対を訴えて多くの人びとが永田町の首相官邸に押しよせた（2012年6月）。
写真提供：共同通信社/ユニフォトプレス

2023年9月におこなわれたSDGsサミット。各国の首脳がニューヨークの国連本部に集ってSDGsの実施状況を確認した。
写真：ロイター/アフロ

SDGsに貢献

Society 5.0の実現をめざすなか、原子力のあつかい方については、いまだに国民の合意が得られていません。それでもこれまで見てきたとおり、Society 5.0をめざすことは必要！

しかも、そうすることが、SDGs（→1巻p34）を実現することにつながるといわれています。

世界を持続可能にするためには、すべての人類が、SDGsの17個の目標を達成するために努力していかなければなりません。

Society 5.0は、そうしたSDGsの達成のための環境でもあるのです。なぜなら、再生可能エネルギーの開発やAIによる使用電力の最適化、省エネ化などはみな、SDGsの達成に大きく貢献することになるからです。

SDGsの達成期限がいつかは、みんなも知っているよね。2030年だね。まもなくやってくる！だから日本政府は、少しでもはやく、Society 5.0に突入しようとしているともいえるんだよ。かといって、原子力発電に頼るようでは、多くの日本人が、Society 5.0の実現に向けて積極的に努力していかなくなるよ。福島第一原発事故（→p38）の後、原子力発電に反対する国民が多くなったからね。

SDGsとSociety 5.0

10〜11ページでは、教育分野、物流業界、食品（フード）ロス、医療関係の４つの分野を例に、Society 5.0になるとどうなるかをまとめましたが、それは、そのままSDGsの達成に役立つことになるのです。

たとえば、SDGs目標４「質の高い教育をみんなに」という目標は、Society 5.0になれば、大きく前進していると考えられます。

食品（フード）ロスについては、SDGs目標12「つくる責任 つかう責任」のターゲット「小売・消費レベルにおける世界全体のひとりあたりの食料の破棄を半減させ、〜」の達成に貢献することになります。

このように、SDGsの達成のためにも、Society 5.0になることの必要性がよくわかります。そしてそれは、脱炭素社会の実現でもあるのです。

子どもたちがSDGsを広めるために描いたポスター。SDGsの達成にあたり、人類が解決すべき課題が描かれている。

もっとくわしく
SDGsのターゲット

SDGsには、目標が17個つくられているが、１つずつの目標につき、少ないものが５個、多いものは19個、合計169個の「ターゲット」といわれる具体的目標が数字と小文字のアルファベットで示されている（→p32）。

SDGsのターゲットは、合計169個あるので、ここでは紹介できないよ。興味のある人は、ぼくが書いた『これならわかる！ SDGsのターゲット169徹底解説』（ポプラ社）をぜひ読んでください。

169個のターゲットを、１つにつき１ページずつくわしく解説している。

Society 5.0の実験の場 大阪・関西万博

みなさんは「万博」って、知っていますか？ 万博は国際博覧会条約（→p38）にもとづいて、博覧会事務局（BIE→p38）に登録または認定された国際博覧会です。世界各地で、大きいものが5年に一度、小さいものは、そのあいだに開催されています。

万博の目的

　国際博覧会条約の第1条には、万博の目的は、「公衆の教育」と「将来の展望」であると記されています。少しくわしくいえば、万博は「世界の国ぐにが地球規模のあらゆる問題に取りくむために、人類に対し知識や技術などを教育する場であり、地球規模の展望を見出す場」だということになります。

　21世紀に入ると、地球規模の課題がSDGsにまとめられたため、万博のテーマもSDGsをあつかうようになりました。

　21世紀最初の万博となった、2005年に日本の愛知県でおこなわれた「愛・地球博」は、「人類共通の課題」についての解決策を展望する場となりました（→p20）。それは、SDGsが発表される10年も前のこと!!

　2010年に中国でおこなわれた上海万博は、SDGs目標11「住み続けられるまちづくりを」など、その後のSDGsの目標にかかわってくるようなテーマをもっていました。

　2017年、カザフスタンのアスタナ万博は「未来のエネルギー」をテーマにかかげ、SDGs目

SDGsのロゴマークが描かれた旗がかかげられたドバイ万博の会場。

標7「エネルギーをみんなに そしてクリーンに」をとくに後押しするものでした。

　また、2015年にイタリアで開催されたミラノ万博は、「食」をテーマにし、SDGs目標1「貧困をなくそう」、SDGs目標2「飢餓をゼロに」、SDGs目標12「つくる責任 つかう責任」に関連していました。

　新型コロナウイルス感染拡大により2021年に1年おくれで開催されたドバイ万博は「心をつなぎ、未来を創る」というテーマのもと、SDGs目標6「安全な水とトイレを世界中に」、SDGs目標7、SDGs目標9「産業と技術革新の基盤をつくろう」などがかかげられました。

　このように21世紀の万博は、どれもSDGsの目標に関連していたといえるのです。

1970年の「大阪万博」

日本では、これまでに5回万博をおこなってきました。

最初は、1970年の大阪万博。その頃はまだ世界の課題はSDGsとは無縁。未来の社会を展望するように、さまざまな科学技術が展示されました。

アメリカのアポロ宇宙船が月から持ちかえった月の石が公開され、大人気となりました。

> 昭和の大阪万博の頃はというと、日本は「大きいことはいいことだ」という言葉が流行語になったことからもわかるように、大量生産と大量消費に突っ走っていたんだよ。

1970年に大阪府で開催された大阪万博の会場。戦後、経済成長を成しとげ、経済大国となった日本を象徴するイベントとなった。

> 二酸化炭素をどんどん排出してモノをつくり、地球環境をこわしていたんだ!

> それは、次に日本で開催した1975年の「沖縄海洋博」の頃も続いていたんだ。万博会場の建設のため、海洋汚染が発生。サンゴ礁に被害が出ていたんだ。

写真提供：共同通信社／ユニフォトプレス

1970年の東京都の上空。人の目やのどなどに障害を引きおこす光化学スモッグが発生し、注意報が発令された。

© 地図・空中写真閲覧サービス 国土地理院

未来型海上都市のモデルとして沖合いに建設された「アクアポリス」。周辺の開発が進み、大量の赤土が海に流出した。

1985年の「つくば万博」

茨城県で開催されたこの万博の正式名称は「国際科学技術博覧会」で、テーマは「人間・居住・環境と科学技術」でした。大量消費時代は落ちつきはじめ、科学技術により未来を展望する時代。環境にも目を向けはじめていました。

リニアモーターカーが会場内を走り、二足歩行のロボットのパフォーマンスがおこなわれるなど、当時の最先端技術が話題をよびました。

ロボットのパフォーマンスがおこなわれた「芙蓉ロボットシアター」は当時大人気となり、たくさんの人でにぎわった。

2005年の「愛・地球博」

昔の万博には、製品（モノやサービス、技術力など）を、国の「力」で世界に向けてPRする役割がありました。そうした状況が20世紀末まで続いていました。

ところが、「愛・地球博」からは新しい形の国際博覧会になっていきます。博覧会事務局も日本政府も、この万博を、生物多様性、省エネルギー、環境保護などといった人類共通の課題の解決策を提示する場として位置づけました。

人類共通の課題といえば、SDGsの前身のMDGs（ミレニアム開発目標）がすでに2001年に発表されていたんだよ。また、ESD（持続可能な開発のための教育→p26）も、2002年に「持続可能な開発に関する世界首脳会議」で、日本が提唱し、国連総会で採択されたんだ。ESDについては、あとでくわしく見るよ。

愛知県で開催された「愛・地球博」の長久手会場。会場内では、排気ガスを出さない環境にやさしい交通手段として、自転車タクシーが使用された。

2025年の「大阪・関西万博」

先にSociety 5.0についてくわしく見てきましたが、じつは「大阪・関西万博」が、Society 5.0の実現に向けた「実証の機会」として位置づけられているのです。

いいかえると、日本政府はこの万博を、Society 5.0を国内外に広め、そのイメージを展望する場としたのです！

具体的には、再生可能エネルギー（→1巻p20）を利用し、「空飛ぶクルマ」を飛ばしたり、人とロボットを共存させたり、自動翻訳技術で外国人どうしが交流したり……と、多くの企業や大学、公的機関などが未来社会を先取りした新たな技術を備える「Society 5.0実現型会場」が計画されています。それはすなわち、持続可能な社会の実現にもつながるのです。

提供：経済産業省

次世代の移動手段として期待されている「空飛ぶクルマ」。「大阪・関西万博」では、来場者にさまざまな体験を提供できるよう計画している。

提供：2025年日本国際博覧会協会

大阪市の人工島「夢洲」に建設される「大阪・関西万博」会場のイメージ図。

SDGsと「SDGs+beyond」

「大阪・関西万博」は、その開催自体が脱炭素やSDGsの目標達成に貢献するという実証の場としても計画されてきました。

SDGsの達成期限は2030年とされています。そのため、「大阪・関西万博」は、2030年以降の未来である「SDGs+beyond（SDGsの先の未来）」を見すえた取り組みを計画。なぜなら、SDGsの達成期限である2030年の5年前に開催されるこの万博は、SDGsの進捗状況を世界の人びとが確認しあい、目標達成に向けた取り組みを加速させ、その先を意識するための、絶好の機会として位置づけられたからです。

提供：ジャパンSDGsアクション
推進協議会

SDGsに関する認知や活動を推進するため、2020年からはじまった民間連携プロジェクト「ジャパンSDGsアクション」のポスター。SDGsの達成期限が迫るなか、ますます多くの取り組みが展開されている。

建設中の「大阪・関西万博」の会場。「大阪・関西万博」は「未来社会の実験場」をコンセプトに、人類共通の課題の解決に向けて、新たなアイデアを創造・発信する場になることをめざすという。

日本の環境教育の歴史

2002年から小学校で「総合的な学習の時間」がはじまると、
環境教育がブームのように全国の小学校でおこなわれていきました。
公害学習（→p38）もあれば、自然破壊に関する学習、
エネルギー問題をあつかう学習など、さまざまでした。

1970年代の環境教育

「環境教育（Environmental Education）」という言葉が日本ではじめてつかわれたのは、1970年9月14日の日本経済新聞記事「進む米の"環境教育"」のなかだといわれています。

しかし当時は、戦後の日本経済の急成長により、大気汚染や水質汚濁などの公害が起こり、深刻な問題となっていました。そのため環境教育は、公害についての学習が中心でした。

1972年に「自然環境保全法」がつくられ、自然環境を守ることが求められると、国民も自然環境を守り、次世代に継承することを意識するようになります。

すると、時を同じくして1972年6月、国連人間環境会議（ストックホルム会議）が開かれ、114か国が参加。Only One Earth（かけがえのない地球）という考えのもと、「人間環境宣言」が採択されました。

まもなく日本では、環境教育がいっそうさかんになり、環境問題について、より若いとき、すなわち子どものころから学び、地域社会の環境を守るようにすることが大切だと考えられるようになりました。

そして、こうした教育がESD（→p26）の中心的なものになっていったのです。

もっとくわしく
学習指導要領に明記された

当時の文部省（現在の文部科学省→p38）が、1977年からの学習指導要領に「公害防止の大切さと、国等の対策」「環境の保全に役立つ森林の働き」などをもりこむと、全国の小・中・高校のほとんどで環境教育が積極的におこなわれていきました。

校外学習で地域の自然環境について学ぶ子どもたち。みずからの気づきや学びをうながすため、体験活動を通して環境教育をおこなう学校も多い。

UNITED NATIONS CONFERENCE ON ENVIRONMENT AND DEVELOPMENT

Rio de Janeiro 3–14 June 1992

地球サミットでは、「アジェンダ21」とよばれる環境についての国際的な行動計画が採択された。

写真：RIBEIRO ANTONIO/GAMMAアフロ

1980年以降の環境教育

　1980年代に入ると、国境をこえて、ひいては地球規模にまで広がるような環境問題が注目されるようになりました。たとえば、オゾン層の破壊、地球温暖化、酸性雨、森林減少、野生生物種の減少、砂漠化、海洋汚染などです。また、世界じゅうの都市の多くで生活排水による水質汚濁や、自動車の排出ガスによる大気汚染、騒音・振動などの問題が発生。

　こうしたなか日本では1990年に日本環境教育学会が設立され、1993年には環境基本法の成立にともない、環境に関する政策について議論するための場として、環境庁（現・環境省）に「中央環境審議会」が設置されました。

　世界では、持続可能な社会をめざし、1992年に環境と開発に関する国連会議（地球サミット）がブラジルで開催され、「地球規模で考え、足もとから行動を（Think Globally, Act Locally）」「持続可能な開発（Sustainable Development）」が標語として世界じゅうに広がりました。

もっとくわしく

中央環境審議会

　「中央環境審議会」とは、環境基本法の規定にもとづいて環境の保全に関する重要事項を調査審議する会議のこと。その会議で1999年、これからの環境教育・環境学習は、「環境に関心を持ち、環境に対する人間の責任と役割を理解し、環境保全活動に参加する態度や問題解決に資する能力を育成」することを目的とし、また「生態系の維持・回復をしつつ共生する持続可能な社会を主体的ににない、その社会で生活していくことのできる人間を育てること」などが決まった。

4 世界をリードしたESD

ESDは、英語の Education for Sustainable Development の略で、
「持続可能な開発のための教育」という意味です。
日本から世界じゅうに広まった教育プログラムです。
脱炭素やSDGsがさけばれる以前から、日本でおこなわれていました。

日本の教育現場では、文部科学省と環境省が主導し、子どもたちにESDの視点を取りいれた教育をおこなってきた。

ESDの中身

文部科学省はESDを「気候変動や生物多様性の喪失、資源の枯渇、貧困や飢餓など、さまざまな問題について、地球を将来にわたり持続可能にしていくようにすべての人ができることに身近なところで取りくむことをめざす教育である」と説明しています。

日本では、こうした教育がずっと以前から学校で熱心におこなわれていました。

そうしたなか、世界のリーダーが集まる「持続可能な開発に関する世界首脳会議」が、2002年に開かれました。その会議で日本は「日本ではESDというとてもいい教育を以前からやっていて、大きな成果をあげている。世界の国ぐにでもやってみたらどうか」と提案したのです。

すると、多くの国のリーダーたちが、それを認め、自分の国でやってみようということになりました。

そしてまもなく、第57回国連総会（2002年）で「国連持続可能な開発のための教育の10年」が採択され、日本発のESDが世界じゅうに知られるようになったというわけです。

それは、SDGsが2015年に国連サミットで採択されるずっと前のことでした。

日本の環境教育

日本で環境教育がはじまったのは、1970年代のことでした。
日本経済が高度成長するなかで公害問題や自然破壊が
社会問題になり、その原因を学び、対策を考えることが、
学校でも必要だと考えられたのです。

環境教育に関する法律

　左ページに記したとおり、日本ではESDが
世界に先駆けて学校で実施されましたが、当
初は、ESDを意識するのは、一部の学校の先
生くらいで、子どもたちはもちろん、ほとん
どの国民はESDのことについてまったく知り
ませんでした。

　それが、2015年にSDGsが発表されると、

ESDがSDGsの達成に役立つと考えられるよ
うになります。そして、2017年３月に発表さ
れた「幼稚園教育要領」と「小・中学校学習指
導要領」のなかで、また2018年には「高等学
校学習指導要領」で、ESDがそれまで以上に
重視されました。

　下の図は、ESDが重要視する項目を示した
ものですが、ESDとSDGsの目標とが重なっ
ていることがよくわかります。

エネルギー
環境
文化多様性
世界遺産・地域の文化財など
気候変動
減災・防災
国際理解
海洋
ESDの基本的な考え方
（知識、価値観、行動など）
**環境、経済、社会の
総合的な発展**
平和
生物多様性
人権
その他関連分野
持続可能な生産・消費
福祉
ジェンダー平等

5 ESDとSDGs教育

ESDをひとことでいうと「開発によって起こる社会や世界の
さまざまな側面を総合的に学習する教育」のこと。
一方、SDGs教育とは、「世界が共通してかかえるさまざまな課題の
解決に向けて取りくむように人びとを教育すること」です。

ESDとSDGsの関係

このシリーズでは、SDGsについてあちこちに記してきましたが、「ESD」の「E」が Education（教育）ですので、教育という観点から両者の関係を考えてみましょう。

SDGsとは「持続可能な開発目標」のこと。それを学校で学習し、目標達成のためにどうすればよいか、何ができるか、もとより、SDGsがなぜ必要なのかなどを勉強するのが、「SDGs教育」です。一方のESDは、持続可能な社会をめざして行動できる人を育てるための「教育」そのものです。ということは、SDGsの目標達成には、ESDが必要だということができます。いいかえると、持続可能な社会をめざして行動できる人を育てるESDにより、SDGsの目標を達成していくことができるということなのです。

26ページで見たように日本で以前からおこなわれてきたESDは、学校だけではなく、政府や自治体、企業などの組織がSDGsに取りくむ際のキーワードになっています。

24ページで環境面の話をしてきたので、ESDが、環境教育のためのものだと思うかもしれないね。たしかにESDには、エネルギーや生物多様性など、環境面の学習が多くふくまれているけれど、地域の文化財、国際理解など、環境・社会・経済の多様な側面を総合的にふくんでいるよ。もう一度、27ページの図をよく見ておこうね。

SDGsに明記されたESD

ESDは、SDGs目標4「質の高い教育をみんなに」に直接関連するといわれていますが、具体的には、ターゲット4.7に次のように書かれています。

ケニアで動物保護や環境に関する教育普及をおこなう非営利団体の職員。2017年から新しいカリキュラムとしてESDが取りいれられた。
写真提供：ユニフォトプレス

・4.7：持続可能な開発のための教育及び持続可能なライフスタイル、人権、男女の平等、平和及び非暴力的文化の推進、グローバル・シチズンシップ、文化多様性と文化の持続可能な開発への貢献の理解の教育を通して、全ての学習者が、持続可能な開発を促進するために必要な知識及び技能を習得できるようにする。（外務省仮訳）

これは、英語から訳したもの。なんだかとても難しく感じられます。要するに、人権、男女平等、平和、持続可能なライフスタイル、グローバル・シチズンシップなどに関する知識を身につけることが、ESDだということなのです。

なお「持続可能なライフスタイル」とは、よりよい生活をめざしながら、環境に配慮して、将来の世代の人たちがやっていけるように生産・消費をおこなうことです。また、「グローバル・シチズンシップ」は「地球志民」ともいわれ、みずからの世界をよりよくする志のことです。

もっとくわしく
ESDが育てる人材

ESDは、「未来の社会の担い手」になるために必要な知識や能力を育てる教育でもある。国立教育政策研究所が2012年に発表した「学校におけるESDに関する研究」によると、ESDにより学習者は、①批判的に考える力　②未来像を予測して企画を立てる力　③多面的・総合的に考える力　④コミュニケーションをおこなう力　⑤他者と協力する力　⑥つながりを尊重する態度　⑦進んで参加する態度を身につけることができるという。

SDGsの目標13 に見るカーボンニュートラル

SDGs目標13「気候変動に具体的な対策を」の目標文は、「気候変動及びその影響を軽減するための緊急対策を講じる」（外務省仮訳）です。具体的な目標であるターゲットを見ると、カーボンニュートラルの重要性に改めて気づくでしょう。

13 気候変動に 具体的な対策を

具体的なターゲットをかかげる 目標13

目標13には、次のターゲットがあります。

- 13.1：気候に関する災害や自然災害が起きたときに対応したり立ちなおったりできるような力を、すべての国で備える。

- 13.2：気候変動への対応を、それぞれの国が、国の政策や、戦略、計画に入れる。

- 13.3：気候変動が起きるスピードをゆるめたり、気候変動の影響に備えたり、影響を減らしたりして、はやくから警戒するための教育や啓発をよりよいものにし、人や組織の能力を高める。

解説すると、13.1は、温暖化をおさえ、災害の悪影響を緩和すること、それでも起こってしまう災害から、すぐに立ちなおれる力をつけること。13.2は、世界が合意した気候変動対策をすべての国の国内政策・計画にもりこむこと。また、13.3は、子どもや学生には教育を、一般の人たちには能力の向上を、国や自治体には制度の改善などを、積極的にやっていくことだといっているのです。

提供：資源エネルギー庁

災害による被害を軽減するため、地中にうめられた都市ガスの導管。日本では、災害に強いインフラの整備が進んでいる。

もっとくわしく
強靭性（レジリエンス）

「強靭性（レジリエンス）」は、回復力がある、しなやかさがあるなどの日本語に置きかえられる英語のresilientからきている言葉。SDGsの文章には、あちこちに登場している。

森林は温室効果ガスを吸収する。植林や森を守る活動に参加するのも、「緩和」のための対策のうちのひとつ。写真は、植林をおこなう子どもたち。

気候変動に関する ESDとSDGs教育

気候変動への対策は、大きくわけて2つあります。温室効果ガスの排出量を減らす「緩和」と、すでに生じている、あるいは将来生じると予測される気候変動の影響による被害を回避・軽減する「適応」です。

これまで日本では、学校や家庭で気候変動の「緩和」と「適応」について、次のようなことを学習してきています。

【緩和】
- クールビズ（暑いときにすずしい服を着る）やウォームビズ（寒いときにあたたかい服を着る）。
- 電化製品をつかわないあいだは、コンセントをぬいたり主電源をこまめに切ったりする。
- 自家用車ではなく公共交通機関を利用する。

【適応】
- 災害時に備えて避難場所や避難場所までの行き方を確認する。
- 緊急時の連絡方法を家族で決めておく。
- 災害が予測されるときは、はやめに避難する。
- 熱中症にならないようにこまめに水分補給する。

など

こうしたことについて、学校で友達と話したり、家庭で家族と話しあったりして、みんなで考えていくことは、とても大切だよね。そうすることは、ESDやSDGs教育の一環でもあるんだよ。

日本がリードすべきSDGsの
ラストスパート5年

21ページでも見たように、2025年の「大阪・関西万博」の
実行委員会は、SDGsの達成期限まで残り5年となるときに
開催される万博を、目標達成のラストスパートを切る
絶好のチャンスととらえています。

達成期限がすぎている　ターゲット

　SDGsのターゲット13.aは、もともと下のような長い文章で書かれています。

• 13.a：重要な緩和行動の実施とその実施における透明性確保に関する開発途上国のニーズに対応するため、2020年までにあらゆる供給源から年間1000億ドルを共同で動員するという、UNFCCC（→1巻p30）の先進締約国によるコミットメントを実施し、可能な限り速やかに資本を投入して緑の気候基金＊を本格始動させる。（外務省仮訳）

もっとくわしく
ターゲットの枝番

ターゲットには、13.1・2・3のように、枝番が数字のものと、13.a・13.bのようにアルファベットになっているものの2種類がある。枝番がアルファベットのターゲットには、数字のターゲットを実行するための方法が記されている。

　要約すると「2020年までに開発途上国の温暖化対策の資金を集める」「開発途上国にも対策をおこなえるように国際社会がお金を集める」ということが明記されているのです。

　注意すべきことは、SDGs全体の達成期限は2030年ですが、ターゲット13.aの期限は、2020年までとされているということです。

　このように、よりはやい段階で目標を達成することが必要なターゲットの期限は、前倒しになっているものが、たくさんあるのです。

　ちなみに、その期限はすでにすぎてしまって、いまだに達成されていません。

●緑の気候基金への各国の拠出表明額

	初期拠出 （2015〜2018年）	第1次増資 （2020〜2023年）
イギリス	12億ドル	18.5億ドル
フランス	10億ドル	17.4億ドル
ドイツ	10億ドル	17億ドル
スウェーデン	5.8億ドル	8.5億ドル
アメリカ	30億ドル	拠出せず
日本	15億ドル	最大15億ドル
その他	20億ドル	計23.6億ドル
総額	約103億ドル （拠出は約83億ドル）	約100億ドル

出典：外務省ホームページ

＊開発途上国の地球温暖化対策を支援する目的でつくられた国際基金。2015年に活動を開始した。

SDGs目標14と15

SDGs目標14「海の豊かさを守ろう」は、「持続可能な開発のために海洋・海洋資源を保全し、持続可能な形で利用する」が目標文となっています。合計10個のターゲットのうち5個は、2025年または2020年と達成期限が前倒しされています。なぜなら、それらを実現することで、最終目標を2030年までに達成することができると考えられたからです。

また、SDGs目標15「陸の豊かさも守ろう」のターゲットも、12個のうち5個の期限が前倒しになっています。

しかし、残念ながら目標14・15の、それら前倒しにされていたターゲットのいずれも、期限内に達成されませんでした。

そのため、2030年までに最終目標を達成することも実現不可能だといわれています。

高まるラストスパートの重要性

こうしたなか、2025年の「大阪・関西万博」は、かつてESDを世界に発信した日本でおこなわれるのですから、日本政府も万博協会もSDGsのラストスパートを意識するのは当然です。

そのうえ、日本はSociety 5.0も世界へ向けて提案しているのですから、なおさらです。

もとより、脱炭素の実現も時間がかかってしまっては、地球温暖化を止めることができません。SDGsのターゲット15.1「陸の生態系を保護し持続可能な利用ができるようにする」（要約）がつくられたのも、温暖化により生態系が破壊されてきたからです。このターゲットの達成期限は、2020年とされていましたが、達成にはほど遠くなっているといいます。

> 政府がいうからではなく、すべての人が自分ごととして取りくむことで、SDGsも、そして脱炭素も実現できるようにしなければならないということなんだね。

海水温の上昇により白化したサンゴ。この状態が続くと、サンゴは死滅してしまう。海の生態系の回復も、達成期限が前倒しされたターゲットに記された課題のひとつ。

脱炭素のために
わたしたちにできること

脱炭素社会の実現には、政府や企業だけでなく、国民の一人ひとりが積極的な取り組みをおこなっていくことが必要不可欠です。インターネットで検索すれば、わたしたちのできることはいろいろ出てきますが、このシリーズでも、脱炭素社会に向けて、わたしたちができることを見ていきましょう。

・こまめに電気を消す：化石燃料（→1巻p6）で電気をつくる際には、大量の二酸化炭素が発生する。むだな電気の消費をさけることは、二酸化炭素の排出量の削減につながる。電源プラグをコンセントからはずすだけでも、電気の消費を減らす場合がある。ただし、蛍光灯は点灯時に最も電気を消費するため、数分だけ消すよりも、つけっぱなしの方が節電できる。また、電子機器によっては、つけっぱなしの方が、省エネになるものもある。たとえば、エアコンは、スイッチを入れたときに電力をつかうため、つけたり消したりするよりも自動運転にした方が節電できる。

・LED電球にする：LED電球は白熱電球にくらべて電気の消費量が少なくてすむ。また、LED電球は長持ちするので、買いかえる回数が少なくなり、ゴミも減らすことにつながる。

・省エネ家電の購入：省エネ家電へ買いかえることは、脱炭素社会の実現につながる。ただし、まだつかえる家電を買いかえることは、さける。それでも、古い家電をつかうより、最新家電に買いかえるほうが省エネになることもある。家庭で最も消費電力量が多いのは、冷蔵庫。次に照明器具、テレビ、エアコン。

・あらゆるむだをなくす：食べきれない量の食品を購入しないようにする、水の出しっぱなしをなくす、過剰梱包している商品をさけるなど、日常のむだを見直すことは、脱炭素社会への取り組みになる。家庭からのゴミを減らすためにはつかいすてを極力減らし、物を長くつかうことが大切。

・リサイクル：ゴミを焼却する際には、二酸化炭素が発生する。ゴミの量が増えるほど二酸化炭素の量も増える。つかいすてのものより、持続的に使用できるもの、リサイクルできる素材のものを選ぶ。ペットボトルやあきカンや牛乳パックなどは、回収ボックスに入れる。着なくなった衣類や不要になった家電などは、フリマアプリやリサイクルショップで売る。

・公共交通機関、自転車、徒歩で移動する：自動車から排出される温室効果ガスを減らすために、可能なかぎり、自転車や公共交通機関をつかい、歩ける場合は積極的に徒歩にする。

・電気自動車・燃料電池自動車に乗る：脱炭素のためには、公共交通機関や自転車・徒歩での移動がよいが、地方に住む人などは車がないと生活できない場合もある。自動車は、電気自動車（EV）や燃料電池自動車（FCV）なら二酸化炭素を排出しない。

・家の電力を再生可能エネルギーに切りかえる：日本では日常でつかわれる電力の約70％を化石燃料を燃やす「火力発電」が生みだしている。二酸化炭素排出量の約40％は、電気事業からの排出。そのため、脱炭素社会に向けて、家庭で使う電気を再生可能エネルギーに切りかえると、脱炭素に貢献できる。太陽光発電システムを導入したり、電力会社を再生可能エネルギーの電気を供給している会社に変更したりする。

もっとくわしく
輸送機関の環境への負荷

環境への負荷は輸送機関によってことなるが、自動車の排出量が最も多い。1人を1km輸送する場合の二酸化炭素排出量を比較すると、①自家用乗用車、114g ②航空、98g ③バス、53g ④鉄道、17g とされている*。自家用乗用車は、鉄道の約7倍もの二酸化炭素を排出する。

*環境省「温室効果ガス排出・吸収量算定結果」より

輸送部門において自家用乗用車が排出する二酸化炭素の割合は44%をしめる（2021年時点）。

もっとくわしく
ZEH住宅

ZEHとは「Net Zero Energy House」の略称。家でエネルギーを生みだし、そのエネルギーを使用して生活することで、住宅のエネルギー消費を実質ゼロ（＝ネット・ゼロ）にする高機能住宅をさす。太陽光発電によって発電した電気をつかうのはもちろん、省エネ設備、高断熱などがふんだんに取りいれられている。夏はすずしく冬はあたたかく、過剰な電力消費もおさえられるという。

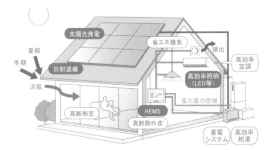

資源エネルギー庁のホームページに掲載されたZEH住宅のしくみをあらわした図。

もっとくわしく
買い物は投票

省エネに取りくむ企業の商品を購入することは、その企業を応援することにつながる。日用品や衣類などには、環境に配慮していることを示すマークがついた商品や二酸化炭素の排出量を示した商品などがある。環境にやさしい商品を選ぶことで、同じような製品やサービスの供給量が増える。需要が高まることでバリエーションが増えたり、価格が安くなったりすることが考えられる。環境省「環境ラベル等データベース」では、ラベルの種類や表示基準が記載されている。

生産から廃棄にわたって環境への負荷が少ないことが認められた商品につけられる「エコマーク」。

もっとくわしく
クールビズ・ウォームビズ

31ページでもふれたが「クールビズ・ウォームビズ」とは、暑い日や寒い日に適切な服装と室温で、快適に過ごすようにすること。適正な室温の目安として、クールビズは28℃、ウォームビズは20℃とされている。ただし、冷暖房器具の設定温度ではなく、実際の部屋の温度。

2005年に環境省がクールビズを推奨しはじめて以降、夏に職場などでネクタイや上着を着用せず、軽装ですごす人が多くなった。

世界の国ぐにはカーボンニュートラルに関する目標を設定しています。
ここでは、国ごとにどのような取り組みがおこなわれているか、
写真で見ていきましょう。

①海外諸国の「カーボンニュートラル」への取り組み

EU：2021年7月に欧州理事会で採択した「欧州気候法案」のなかで、再生可能エネルギーの導入目標の引き上げや2035年以降のガソリン車の新車販売禁止、クリーンエネルギーに関するインフラの整備などを示した。

ノルウェーでは、新車販売台数における電気自動車の割合は88%にもなる（「Global EV Outlook 2023」より）。

イギリス：「2050年までの温室効果ガスの排出ゼロ」を法律として定め、クリーンエネルギーの導入を進めつつ、EV化、省エネの推進などに取りくむ。建築物には省エネ基準を設け、省エネ率の低い物件の賃貸を禁止するなど、規制の強化を進める。

ロンドンの地下鉄の使用電力は、2030年までに再生可能エネルギーによる電力に切りかえることが表明されている。

アメリカ：バイデン政権は2035年までに発電部門の温室効果ガス排出をゼロにすること、2030年までに洋上風力発電による再生可能エネルギーの生産量を倍増すること、建物や家電の省エネを進めることなどを目標にかかげている。

洋上風力発電は、アメリカの広大な海域を利用することができることから、大きな期待が寄せられている。

中国：習近平国家主席が国連総会で「2060年までにカーボンニュートラルを達成するよう努力する」との目標を表明。石炭の消費の削減、風力・太陽光発電所の建設の加速、水力発電所の増設などを主な対策として示した。

中国では、政府の政策により、広大な土地を利用した太陽光発電や風力発電が近年急激に増加しはじめている。

②日本では

　2021年4月、日本は2030年度における温室効果ガスの削減目標を、2013年と比較して46%削減することとし、さらに50%までの削減をめざして挑戦を続けると表明しました。

　環境省は、2050年までに脱炭素をめざすことを宣言した地方自治体を「ゼロカーボンシティ」として支援。各自治体が、地域の問題に対して、具体的に対策に取りくんでいくようにうながしています。

　また、日本でとくに問題なのが、エネルギー分野で化石燃料の依存度が高いということ。資源エネルギー庁が発表したデータによると、2021年度の全発電電力量において化石燃料がしめる割合は、71.7%となっています。そのため、太陽光や風力、排出量実質ゼロのバイオマスなどといった再生可能エネルギーの活用が必要といわれ、今後その比率を増やしていくことが求められています。

●ゼロカーボンシティを表明した地方自治体の推移

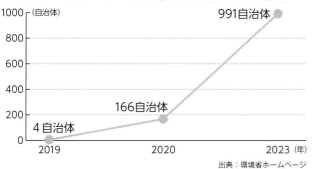

（自治体）
991自治体
166自治体
4自治体
2019　2020　2023（年）

出典：環境省ホームページ

●ゼロカーボンシティを表明した都道府県

■ 表明済の都道府県

出典：環境省ホームページ

提供：所沢市役所

再生可能エネルギーの普及を目的として埼玉県所沢市が設置したフロート式太陽光発電設備。「株式会社ところざわ未来電力」の電源として活用され、その電力は市内の公共施設や一般家庭に供給されている。

提供：(株)ユーラスエナジーホールディングス

秋田県鹿角市の風力発電設備。再生可能エネルギーの導入や地域の電力会社による再生可能エネルギー由来の電気の供給により、脱炭素をめざしている。

水素と空気中の酸素の化学反応により発生する電気をつかってモーターをまわし走行する燃料電池バスは、二酸化炭素を排出しない公共交通機関として、政府が普及を後押ししている。写真は東京都内。

用語解説

<ruby>用語解説<rt>かいせつ</rt></ruby>

● <ruby>内閣府<rt>ないかくふ</rt></ruby> ·····················4, 12
内閣と内閣総理大臣主導の行政運営のため、2001年に設立された日本の行政機関。国の行政を分担している各省よりも一段高い立場から、とくに重要な政策について、企画立案をしたり、各省をまとめたりしている。

● <ruby>経済産業省<rt>けいざい</rt></ruby> ························6
2001年の中央省庁の再編により、旧通商産業省に旧科学技術庁の原子力安全部門が加わって誕生した日本の官庁。経済・産業の発展や、鉱物・エネルギー資源の供給に関する行政をになう。外局に特許庁などがある。

● <ruby>イノベーション<rt></rt></ruby>（技術革新）··········8, 18
ものごとの新しい切り口や活用法。社会的意義のある新たな価値をつくりだし、社会に大きな変化をもたらす新しいアイデアのこと。「技術革新」と訳される場合は、社会に大きな変化をもたらすような新しい技術の発明をさす。

● <ruby>福島第一原発事故<rt></rt></ruby> ··············15, 16
2011年3月11日に発生した東北地方太平洋沖地震と津波（東日本大震災）により、福島第一原子力発電所で起こった事故。電源供給が停止し、原子炉施設を冷却する装置が作動しなくなった結果、炉心溶融（メルトダウン）や水素爆発が起こり、大量の放射性物質が放出された。

● <ruby>国際博覧会条約<rt></rt></ruby> ·····················18
国際博覧会（万国博覧会）の秩序ある開催や運営を目的として、1928年にフランスのパリで署名された条約。国際博覧会の頻度や開催期間、開催者や参加国の義務、組織などについて規定している。日本は1965年に加入した。

● <ruby>博覧会事務局<rt></rt></ruby>（BIE）··············18, 20
国際博覧会条約によって、フランス・パリに設立された国際組織。国際博覧会の開催について責任をもつ組織で、博覧会事務局によって認められたもののみ、国際法上「国際博覧会」を名乗ることができる。

● <ruby>公害学習<rt></rt></ruby> ·····························24
公害の発生原因や被害状況などを学び、正確な知識にもとづいて公害防止のための対策や方法をさぐろうとする学習。1971年に公害教育が制度化され、全国に広まった。現在は環境教育の一環としておこなわれている。

● <ruby>文部省<rt></rt></ruby>（現在の文部科学省）··········24
1871年に設立された日本の行政機関。2001年に科学技術庁と統合され、文部科学省となった。教育、科学技術・学術、スポーツ、文化の振興など、幅広い政策を担当している。外局にスポーツ庁と文化庁がある。

● <ruby>資源エネルギー庁<rt></rt></ruby> ·····················37
第一次オイルショックを機に、1973年に設立された日本の行政機関で、経済産業省の外局のひとつ。石炭や石油、ガスなどのエネルギーの安定供給政策や、省エネルギー、新エネルギー政策を担当する。

さくいん

■著

稲葉　茂勝（いなば　しげかつ）

1953年東京生まれ。大阪外国語大学、東京外国語大学卒業。日本国際理解教育学会会員。子ども向け書籍のプロデューサーとして約1500冊を手がけ、「子どもジャーナリスト（Journalist for Children）」としても活動。著書として「SDGsのきほん 未来のための17の目標」全18巻（ポプラ社）や『著作権って何?』（あすなろ書房）、『ネットリテラシーパーフェクトガイド』（新日本出版社）、「なんでも学」シリーズ（今人舎）など多数。2019年にNPO法人子ども大学くにたちを設立し、同理事長に就任して以来「SDGs子ども大学運動」を展開している。

■編

こどもくらぶ（上野瑞季）

あそび・教育・福祉の分野で子どもに関する書籍を企画・編集している。図書館用書籍として年間100タイトル以上を企画・編集している。主な作品は、「未来をつくる！ あたらしい平和学習」全5巻、「政治のしくみがよくわかる 国会のしごと大研究」全5巻、「海のゆたかさをまもろう！」全4巻、「『多様性』ってどんなこと？」全4巻（いずれも岩崎書店）など多数。

■デザイン・制作

（株）今人舎（佐藤道弘）

■校正

（株）鷗来堂

■写真提供

・metamorworks/stock.adobe.com
・metamorworks/istock.com
・© Teerawat Winyarat, © Yongnian Gui, © Eniko Balogh, © Ludovicabastianini, © Thomas Males, © Spiroview Inc., © Jihong Hao /dreamstime.com
・まちゃー, Sitthiphong, pearlinheart, Taka, Graphs, shiii, izolabo, Fast&Slow, ネギ, from-ishigaki, buritora, k_river / PIXTA
・Ionna22,© Mollyrose89/CC BY-SA 4.0, Toby Hudson/CC BY-SA 3.0, CC BY 2.5, takato marui/CC BY-SA 2.0

■参考資料

・内閣府ホームページ
・資源エネルギー庁ホームページ

この本の情報は、 2023年12月までに調べたものです。
今後変更になる可能性がありますので、ご了承ください。

しっかりわかる「脱炭素=カーボンニュートラル」③SDGsと「カーボンニュートラル」　　NDC519

2024年2月29日　　第1刷発行

著　　　稲葉茂勝
編　　　こどもくらぶ
発行者　小松崎敬子
発行所　株式会社 岩崎書店　　〒112-0005　東京都文京区水道1-9-2
　　　　　　　　　　　　　　　電話　03-3813-5526（編集）　03-3812-9131（営業）
　　　　　　　　　　　　　　　振替　00170-5-96822
印刷所　株式会社 光陽メディア　　製本所　　大村製本 株式会社

40p 29cm×22cm
ISBN978-4-265-09158-4

しっかりわかる「脱炭素＝カーボンニュートラル」全3巻

①
キーワードでわかる「脱二酸化炭素」

②
地球の歴史から考える「地球温暖化」

③
SDGsと「カーボンニュートラル」